Der Friede lässt uns keine Ruhe

Der Friede lässt uns keine Ruhe

Hundert Worte
über
den Frieden

Herausgegeben
von Wilhelm Mühs

VERLAG NEUE STADT
MÜNCHEN - ZÜRICH - WIEN

Frieden – ein Wort wie wenige andere. Wie viele Hoffnungen und Enttäuschungen, wie viel Sehnsucht, wie viele Ängste verbinden sich mit der Sache des Friedens. Immer wieder gesucht, oft gefährdet, manchmal zerbrochen – und gerade dann neu uns aufgegeben. Ohne Frieden gibt es kein wirkliches Zusammenleben zwischen Menschen, Gruppen und Völkern. Ohne inneren Frieden kann auch der Einzelne nicht wirklich leben. Doch: Ist Frieden möglich? Wie? Für wie lange?

Wie immer die Antwort ausfallen mag: Wir *müssen* ihn suchen, ihm nachjagen – und vor allem in uns selbst die Voraussetzungen schaffen, dass Friede keimen und wachsen kann.

Gedanken zum Frieden aus vielen Jahrhunderten, aus verschiedenen Kulturen und Religionen, von Bekannten und Unbekannten wurden in diesem Buch zusammengetragen:
Worte, die Mut machen, Worte, die nachdenklich stimmen, aber auch Worte, die herausfordern und wie ein Stachel sind.
Denn der Friede lässt uns keine Ruhe.

Wilhelm Mühs

Die Idee des Friedens
ist unsterblich.

Heinrich Mann

Der universale Friede
ist das Beste von allem,
was zu unserem Glück
beiträgt.

Dante Alighieri

Wir werden nichts erreichen
ohne Frieden.
Aber wir müssen verstehen,
dass Frieden nicht
irgendein fernes Ziel ist,
sondern bereits
mit dem Weg zum Frieden
beginnt.

Harry Belafonte

Der Friede des Menschen
ist nichts anderes
als geordnete Eintracht.

Aurelius Augustinus

Seht, durch wie viele Gründe die Natur uns Eintracht eingeschärft hat! Und sie hat sich nicht damit begnügt, uns dadurch den Frieden verlockend vor Augen zu stellen und hat nicht nur gewollt, dass uns die Freundschaft angenehm, sondern auch, dass sie uns notwendig sei. Sie hat die Gaben des Leibes und der Seele so ausgeteilt, dass keiner jeder Situation gewachsen und nicht auch auf die Hilfe des Unbedeutenden angewiesen wäre. Sie hat nicht allen dieselben Gaben beschert und sie nicht im gleichen Maße ausgeteilt, damit gerade diese Verschiedenheit durch gegenseitige Freundschaft ausgeglichen würde.

Erasmus von Rotterdam

Der Begriff des Friedens
schließt den der Eintracht in sich
und fügt noch etwas hinzu:
Wo immer daher Friede ist,
da ist auch Eintracht.

Thomas von Aquin

Frieden ist

Kampf ohne Krieg.

Werner Ehrenfort

Würden wir für das Werk des Friedens nur einen Bruchteil der Kraft aufwenden, die die Hassenden aufbringen, um den Frieden und die Freiheit zu zerstören, es stünde besser um die Welt.

Alfons Kirchgässner

Wer den Frieden liebt, muss genauso effektiv arbeiten wie die Kriegstreiber. Wenn diese Kriegspropaganda treiben, müssen wir mit allen Kräften für den Frieden werben.

Martin Luther King

Man möge nicht glauben,
dass ich *jeden* Frieden empfehle!
Ich weiß,
dass es eine Auflehnung gibt,
die sehr gut ist,
und eine Versöhnung,
die sehr schädlich ist.
Ich empfehle einen Frieden,
der gut ist
und um des Guten willen
geschlossen wird.

Gregor von Nazianz

Wahrer Friede
bedeutet nicht bloß
die Abwesenheit von Konflikten,
sondern
die Gegenwart von Gerechtigkeit.

Mahatma Gandhi

Friede und Gerechtigkeit
sind Geschwister;
eines kann ohne das andere
nicht gedeihen.
Vielleicht ist es deshalb
so schwierig,
den Frieden
dauerhaft zu gewinnen,
weil uns die Gerechtigkeit
so oft nicht gelingt …
Friede ohne Gerechtigkeit
ist kein Friede,
ist allenfalls Scheinfriede,
ist verschleierte Wirklichkeit.

Johannes Hanselmann

Wir werden

daran gemessen werden,

wie wir

dem Frieden dienen.

Willy Brandt

Bloßes Lob des Friedens
ist einfach,
aber wirkungslos.
Was wir brauchen,
ist aktive Teilnahme
am Kampf gegen den Krieg
und alles, was zum Krieg führt.

Albert Einstein

Um Frieden zu haben
und ihn zu erhalten,
muss man ihn wollen.

Aristide Briand

Die Parole „Nie wieder Krieg!" ist kein Glaubensakt, sie ist ein Willensakt. Es braucht keine Kriege mehr zu geben, wenn *homo* wirklich *sapiens* ist, wenn er den Beweis erbringen will, dass er sich wirklich von den anderen Lebewesen durch Vernunft unterscheidet.

Hellmut von Gerlach

Soviel an dir liegt,
sollst du als Friedensmensch
immer und immer wieder
zum Frieden bereit sein,
den Friedenszustand
zwischen dir und den anderen
anstreben
und alles, was an dir ist,
dafür einsetzen,
damit anstelle des Gegeneinander
ein Miteinander gelebt wird.

Helmut Gollwitzer

Gegeneinander schafft Hass –
und Hass lässt nicht selten
Kriege entstehen.
Nebeneinander schafft Kälte –
und Kälte lässt vielfach
die Herzen erfrieren.
Miteinander schafft Wärme –
und Wärme lässt
Früchte des Friedens reifen.
Füreinander schafft Liebe –
und Liebe lässt oftmals
Gemeinsamkeit glücken.

Johannes Hanselmann

Es ist schon ein gutes Stück des Friedens erreicht, wenn man von Herzen den Frieden will. Denn wem er am Herzen liegt, der wird jede Gelegenheit, die ihn fördert, ausnützen, die Hindernisse entweder für nichts achten oder sie aus der Welt schaffen und mancherlei auf sich nehmen, wenn nur das Gut des Friedens nicht angetastet wird …

Ihr habt gesehen, wie durch die Bündnispolitik bisher nichts erreicht, durch die Heiratspolitik nichts vorwärts gebracht worden ist; ebensowenig durch Gewalt- und Revanche-Politik. Nun zeigt dieser Gefahr gegenüber, was die wohlwollende Güte vermag.

Erasmus von Rotterdam

Friede wird der Welt
nur vom Willen her.
Nicht von der Gesetzgebung.

Carl Sonnenschein

Ein friedfertiger Mensch
ist mehr nütze
als ein gelehrter.

Thomas von Kempen

Selig, die Frieden stiften;
denn sie werden Söhne Gottes
genannt werden.

Jesus in der Bergpredigt
(Matthäus 5,9)

* * *

Nicht die Friedens*redner*,
sondern die Friedens*stifter*
werden gelobt.

Bernhard von Clairvaux

Wenn Jesus die Friedensstifter selig nennt, spricht er nicht von denen, die stets den lieben Frieden wollen. Jesus meint vielmehr die, die sich aktiv für den Frieden einsetzen und den Dialog als Mittel und Weg zum Frieden wählen:
einen Dialog, der keine Barrieren zwischen Rassen und Völkern zulässt;
einen Dialog, der Bejahung und Annahme des anderen ist, getragen von Wertschätzung und Hilfsbereitschaft;
einen Dialog, der zum Protest und Widerstand gegen die Gewalttätigen und Unterdrücker wird.

Carlo Maria Martini

Den Frieden lieben

heißt auch

seine Verteidigung lieben.

Josef Capek

Friede
ist nur durch Freiheit,
Freiheit
nur durch Wahrheit möglich.
Daher ist die Unwahrheit
das eigentlich Böse,
jeden Frieden vernichtende.

Karl Jaspers

Der Weg der Wahrheit
ist auch der Weg des Friedens.
Ein Mensch,
der nach der Wahrheit strebt,
kann nicht auf Dauer
gewaltsam bleiben.

Mahatma Gandhi

Der Friede besteht nicht darin, dass kein Krieg ist; er lässt sich auch nicht bloß durch das Gleichgewicht entgegengesetzter Kräfte sichern; er entspringt ferner nicht dem Machtgebot eines Starken; er heißt vielmehr mit Recht und eigentlich ein „Werk der Gerechtigkeit" (Jes 32,17). Er ist die Frucht der Ordnung, die ihr göttlicher Gründer selbst in die menschliche Gesellschaft eingestiftet hat und die von den Menschen durch stetes Streben nach immer vollkommenener Gerechtigkeit verwirklicht werden muss.

Zweites Vatikanisches Konzil
(Gaudium et Spes)

Friede ist Achtung
vor dem Recht des anderen.

Oliver Reed

Der Friede
ist die Frucht der Demut.

Franz von Sales

Wenn es jemand fertig bringt,
um des Friedens willen
ohne Dank und Anerkennung
auf sehr erhebliche Werte
und Güter zu verzichten,
ist er im Grunde genommen,
ob er es weiß
oder es sich nicht ausdrücklich
zu sagen vermag,
in das Reich
der unbedingten Freiheit,
der Gnade Gottes geraten.

Karl Rahner

Friede

ist niemals durch Koexistenz,

sondern in Kooperation.

Karl Jaspers

Der Frieden

kommt durch Verständigung,

nicht durch Vereinbarung.

Arabisches Sprichwort

Frieden kannst du nur haben,
wenn du ihn gibst.

Marie von Ebner-Eschenbach

Der Friede geht aus
von dem,
der Liebe sät
und sie Taten werden lässt.

Die Werke der Liebe
sind immer Werke des Friedens;
wo Liebe ist,
da ist Frieden.

Mutter Teresa

Frieden beginnt
mit einem Lächeln.
Lächle fünfmal am Tag
einem Menschen zu,
dem du gar nicht zulächeln willst.
Tu es um des Friedens willen.

Mutter Teresa

Dauernder Friede
kann nicht durch Drohungen,
sondern nur
durch den aufrichtigen Versuch
vorbereitet werden,
gegenseitiges Vertrauen
herzustellen.

Albert Einstein

Wie die Zwietracht der Guten

ein Übel ist,

so ist es auch

die Eintracht der Bösen.

Gregor der Große

Der Frieden erfordert
einen langen, ununterbrochenen
und harten Dienst;
er verlangt Beharrlichkeit
und erlaubt keinen Zweifel.

Aristide Briand

Friede ist ein Schatz,
der lange im Voraus
bezahlt sein will.

Margarete Seemann

Frieden gäbe es nur dann,
wenn die Menschen
nicht bloß gegen den Krieg,
sondern auch
gegen das Siegen wären.

Elazar Benyoëtz

Es ist ein Gebot der Vernunft,
den Frieden zu suchen,
sobald eine Hoffnung
auf denselben sich zeigt.

Thomas Hobbes

Gewalt schafft niemals
einen dauerhaften Frieden.

Martin Luther King

Der Friede
vermag alles,
der Krieg nichts.

Bruno Kreisky

Im Frieden werden die Väter
von ihren Söhnen begraben,
im Krieg aber die Söhne
von ihren Vätern.

Herodot

Die Friedensliebe

fängt damit an,

dass man aufhört,

von gerechten Kriegen

zu sprechen.

Sigmund Graff

Wenn ihr verzeiht,
vergebt und Nachsicht übt,
so ist auch Allah es,
der euch vergibt
und sich eurer erbarmt.

Koran, Sure 64:14

Wo Krieg ist,
kann Gott nicht sein.

Bernardin von Siena

Im Krieg

verliert

auch der Sieger.

Italienisches Sprichwort

Es kann nicht der Sinn einer Weltordnung sein, das, was eine jahrtausendelange Entwicklung dem Menschen in die Hand gegeben hat, dazu zu verwenden, den Menschen selbst wieder zu vernichten.

Otto Hahn

Nicht der Krieg,
der Friede
ist der Vater aller Dinge.

Willy Brandt

Der Krieg ist nicht von Gott gewollt, sondern von den Menschen. Sie sind es, die mit offenen Augen den Krieg wollen, allen geheiligten Gesetzen zum Trotz, und darum ist er umso schlimmer. Der dazu antreibt und ihn schürt, ist immer nur der „Fürst dieser Welt“, der nichts gemein hat mit Christus, dem „Friedensfürsten“.

Johannes XXIII.

Gott hat die Menschen
nicht als Feinde,
sondern
als Brüder und Schwestern
geschaffen.

Johannes XXIII.

Frieden erhalten

ist besser als Frieden schließen.

Martin Luther

Wenn man die Großkopfigen reden hört, führens die Krieg nur aus Gottesfurcht und für alles, was gut und schön ist. Aber wenn man genauer hinsieht, sinds nicht so blöd, sondern führn die Krieg für Gewinn.

Bertolt Brecht

Das Furchtbarste an jedem Krieg ist der Umstand, dass die Menschen ihn wie ein Naturereignis – etwa wie einen Blitzschlag, wie ein Erdbeben, wie eine Springflut – hinzunehmen pflegen, während er in Wirklichkeit ein mit ihrer eigenen Duldung und Mithilfe von Menschenhand vorbereitetes Unternehmen ist, bei dem man den Initiatoren und Managern auch noch die sichersten Plätze reserviert.

Sigmund Graff

Alle Kriege entstehen
um des Geldes willen.

Platon

* * *

Der Ursprung aller Kriege
ist Diebesgelüst.

Arthur Schopenhauer

Krieg ist zuerst die Hoffnung,
dass es einem
besser gehen wird,
dann die Erwartung,
dass es dem anderen
schlechter gehen wird,
dann die Genugtuung,
dass es dem anderen
auch nicht besser geht,
und hernach die Überraschung,
dass es beiden schlechter geht.

Karl Kraus

Die deutliche Sprache
der Gewehre
verstehen immer nur
die Erschossenen.

Wolf Biermann

Der Bankrott
der traditionellen Vorstellungen
von Krieg, Angriff
und Verteidigung ist offenbar.
Ohne Umdenken
ist kein Ausweg aus der Gefahr
möglich.

Max Plank

Was würde Jesus heute sagen angesichts von Rassenkämpfen, Terrorakten, Menschenrechtsverletzungen, endlosen Konflikten mit Toten und Verletzten, Bomben- und Sprengstoffanschlägen? Würde er nicht sagen: „Liebt einander"?
Ja, es kommt darauf an, die Liebe in die Welt zu tragen. Aber das darf man nicht missverstehen. Lieben ist keine billige Lösung. Es verlangt einen anspruchsvollen, entschiedenen Einsatz, der die Kraft hat, die Welt zu verändern.

Chiara Lubich

Krieg ist nichts als
Drückebergerei
vor den Aufgaben des Friedens.

Thomas Mann

Der Friede beginnt im eigenen Zuhause. Der Weltfriede beginnt mit dem inneren Frieden der Staaten. Im innenpolitischen geistigen Kampf um die Herrschaft muss die Gesinnung der Friedlosigkeit, die die Gewalt wollen würde, wenn sie nur könnte, verschwinden. Denn die Friedlosigkeit in der Innenpolitik macht auch den Frieden in der Außenpolitik unmöglich.

Karl Jaspers

Das innere Gefüge des
menschlichen Zusammenlebens
kann nur durch
ein Neuwerden und Echtwerden
der Beziehungen
von Mensch zu Mensch,
von Gruppe zu Gruppe
und so auch von Volk zu Volk
erneuert werden.

Martin Buber

Worte wie
„Köpfe müssen rollen“,
„in der Diskussion niedergemacht“,
„einen Menschen liquidieren“
oder auch „Ausländer raus“ –
das ist bereits Krieg!

Daniel Balkhausen

Der Krieg kündigt sich durch Schimpfworte an.

Afrikanisches Sprichwort

Der große Friede in der Welt
beginnt
mit dem kleinen Frieden daheim.

Joseph Höffner

„Bei Gott, er ist nicht gläubig!
Bei Gott, er ist nicht gläubig!
Bei Gott, er ist nicht gläubig!“,
schwor der Prophet.

„Wer ist nicht gläubig,
o Gesandter Gottes?“,
fragten seine Gefährten.

„Derjenige, vor dem sich
sein Nachbar
nicht sicher fühlen kann.“

Muslimische Überlieferung

Der Friede verlangt
viel Verständnis und Großmut.
Denn auch wenn man
einander gern hat,
gibt es doch immer etwas,
was dem einen oder anderen
missfällt.
Da ist heilige Geduld,
die Quelle des Glücks, nötig.

Johannes XXIII.

Wenn man Frieden will,
muss man immer
derjenige sein,
der zuerst die Hand reicht.

Yitzak Rabin

Deinem Feinde
vergilt nicht Böses,
dem, der dir Böses zufügt,
vergilt Gutes!
Deinem Feinde
lass Gerechtigkeit widerfahren,
gib Speise zu essen
und Trank zu trinken,
strebe nach Wahrheit und Frieden.

Gilgamesch-Epos

„Leistet dem, der euch etwas Böses antut, keinen Widerstand, sondern wenn dich einer auf die rechte Wange schlägt, dann halte ihm auch die andere hin“ (Mt 5,39).

Nachdrücklich ruft Jesus zur Gewaltlosigkeit auf. Er stellt uns ein Ziel vor Augen, auf das wir zugehen sollen. Auf dem Weg dahin kommt es zu Abweichungen, auch zu Anpassungen an eine konkrete Situation – Einschränkungen, die unter Umständen notwendig sein können. Und doch: Die grundlegende Norm, die Jesus uns gibt, bleibt die Gewaltlosigkeit.

Gianfranco Ravasi

Wenn du deine Hand ausstreckst, mich zu töten, werde ich nicht meine Hand ausstrecken, dich zu töten; denn ja, ich fürchte Gott, den Herrn der Welten.

Koran, Sure 5:28

Hütet euch, hütet euch,
Rache zu nehmen,
selbst dann, wenn jemand
nach deinem Blut dürstet.
Hütet euch, hütet euch,
die Gefühle eines anderen
zu verletzen,
auch wenn er ein Übeltäter ist
und euch Böses wünscht.
Schaut nicht auf die Geschöpfe,
wendet euch ihrem Schöpfer zu.

'Abdu'l-Bahá

Soweit es euch möglich ist,
haltet mit allen Menschen
Frieden!

Paulus an die Römer

Dem Frieden
steht eine doppelte Zwietracht
entgegen:
die Zwietracht des Menschen
mit sich selbst
und jene zwischen den Menschen
untereinander.

Thomas von Aquin

Wie viele verlieren

den Frieden des eigenen Herzens,

weil sie alle ihre Kräfte aufbieten,

ihre Nächsten um jeden Preis

zu ändern!

Jacques Philippe

Der Friede

muss aufgebaut werden

durch eine mutige Revision

der fehlerhaften Ideologien

des Egoismus.

Paul VI.

Frieden entstammt
einem in sich ruhenden Herzen,
das keinen Neid kennt
und nicht
nach materiellem Gewinn giert.

Yehudi Menuhin

Die Friedlosigkeit der Welt
kann nur von innen her
überwunden werden.

Gertrud von Le Fort

Es gibt keinen Frieden

unter den Menschen,

wenn es zuvor keinen Frieden

im Herzen eines jeden Einzelnen

gibt.

Johannes XXIII.

Bewahre du zuerst
Frieden in dir selbst,
dann kannst du auch anderen
Frieden bringen.

Thomas von Kempen

Sich mit sich selbst versöhnen
heißt:
Frieden stiften mit mir selbst,
so, wie ich geworden bin.
Die Spaltung aufheben,
die sich in mir auftut
zwischen meinem Idealbild
und meiner Realität,
zärtlich umgehen mit sich selbst,
gerade mit dem,
was meinem Idealbild
widerspricht.

Anselm Grün

Die Erhaltung des Friedens
beginnt damit,
dass der einzelne Mensch
friedliebend ist.

* * *

Wer selbst
keinen inneren Frieden kennt,
wird auch in der Begegnung
mit anderen Menschen
keinen Frieden finden.

Dalai XIV. Lama

Geben wir uns doch den inneren Frieden! Der innere Frieden aber wird uns zuteil werden durch unablässige Beschäftigung mit heilsamen Lebensregeln, durch Verwirklichung guter Taten und durch einen festen Willen, dessen Streben einzig auf das sittlich Gute gerichtet ist. Das Gewissen sei die Richtschnur unseres Handelns, das Gerede der Leute soll uns gleichgültig sein.

Lucius Annaeus Seneca

Nachdem ich
zum Verzicht bereit war,
fand ich den Frieden.

Antoine de Saint-Exupéry

Der wahre Friede
wird gefunden,
nicht indem man
seinem eigenen Willen
und seinen eigenen Begierden
folgt und dient,
sondern indem man
ihnen widerstrebt.

Thomas von Kempen

Ein verwundetes
oder gedemütigtes Herz
findet Frieden,
wenn es – ohne zu warten –
die Menschen, die es verletzt
oder verwundet haben,
Gott anvertraut.

Frère Roger

Welch große Eroberung
ist der Friede!
Wenn du einem Menschen
den Frieden schenkst,
würde er lieber zahllose
weitere physische Schmerzen
auf sich nehmen,
als ihn wieder zu verlieren.
Denn alle zusammen
wiegen nicht
ein Leben ohne Frieden auf.

Chiara Lubich

Der innere Friede
ist ein großes Geschenk ...
Wenn wir im Frieden sind,
finden wir die Freiheit,
ganz wir selbst zu sein,
sogar in schlimmsten Zeiten.
Wir lassen los, was unwichtig ist,
und ergreifen, was wichtig ist.

Joseph Bernardin

Der Friede,
den die Gottes- und Nächstenliebe
in den Seelen ausbreiten wird,
ist ein gerader Weg zum Frieden.

Juan de Bonilla

Das Ziel der Religion, wie sie vom Himmel des heiligen Willens Gottes offenbart ist, besteht darin, Einheit und Eintracht unter den Völkern der Welt zu stiften; macht sie nicht zur Ursache für Zwist und Streit. Die Religion Gottes und sein göttliches Gesetz sind die machtvollsten Werkzeuge und die sichersten Mittel dafür, dass das Licht der Einheit zwischen den Menschen anbricht. Der Fortschritt der Welt, die Entwicklung der Nationen, die Ruhe der Völker und der Frieden aller Erdenbewohner gehören zu den Grundsätzen und Geboten Gottes.

Bahá'u'lláh

Wer Frieden hat
mit dem Himmel,
der bringt die Welt
ins Gleichgewicht
und lebt in Frieden
mit den Menschen.

Tschung Tsi

Der Herr zeige uns seine Wege,
auf seinen Pfaden
wollen wir gehen …
Dann schmieden sie
Pflugscharen
aus ihren Schwertern
und Winzermesser
aus ihren Lanzen.
Man zieht nicht mehr
das Schwert,
Volk gegen Volk,
und übt nicht mehr für den Krieg.

Jesaja 2,3-4

Gott wird zum Kind, um uns zu sagen, dass er nicht fern ist. Die Engel singen: Friede den Menschen auf Erden.
Bitten wir ihn, der in seiner Allmacht wehrlos wurde, dass er den Hochmut der Gewalt auslösche, aus unseren Herzen den Hass nehme und sie mit Liebe fülle, damit sich bald keine Nation mehr daran erinnern kann, was Krieg ist.

Chiara Lubich

Als Christus geboren wurde,
bliesen da die Engel
Kriegstrompeten?
Versprachen sie Siege,
Triumphe und Kriegstrophäen?
Keineswegs!
Sie verkünden den Frieden
in Übereinstimmung
mit den Propheten.
Kannst du
den gemeinsamen Vater anrufen,
wenn du das Schwert
in das Herz des Bruders stößt?

Erasmus von Rotterdam

Wenn wir
Freunde Gottes sind,
müssen wir Erbauer und Zeugen
des Friedens sein.

Franco Fusetti

Wir dürfen nicht unsere Friedenssehnsucht auf die Ewigkeit vertagen. Der Friede Christi, der kommt, der Friede Christi, der gekommen ist, er lässt uns keine Ruhe, bis wir nicht so radikal wie möglich auch die innergeschichtlichen Verhältnisse auf ihn hin umgestaltet, auf ihn hin orientiert haben.

Klaus Hemmerle

Der Friede Gottes

ist nicht Ruhe,

sondern treibende Kraft.

Albert Einstein

Der Friede ist ein Baum,
der eines langen Wachstums
bedarf.

Antoine de Saint-Exupéry

Nach dieser Sintflut
möchte ich die Taube,
und nichts als die Taube
noch einmal gerettet sehen.
Ich ginge ja unter in diesem Meer,
flög sie nicht aus,
brächte sie nicht
in letzter Stunde das Blatt.

Ingeborg Bachmann

Quellen und verwendete Literatur

– Gabriele Andreae, Ich denke Gedanken des Friedens. Ideen dazu aus philosophischer, religiöser und politischer Sicht, Frankfurt am Main 1997 (mit ausführlicher Bibliographie zum Thema).
– Martin Buber, Die Revolution und wir, in: Der Jude 3 (1918/19), S. 346 (hier Nr. 63; © Gütersloher Verlagshaus, Gütersloh).
– Dem Frieden entgegen – ein Lesebuch, Berlin u. a. 1989.

Die Deutsche Bibliothek –
CIP-Einheitsaufnahme

Ein Titeldatensatz für diese Publikation ist bei
Der Deutschen Bibliothek erhältlich.

1. Auflage 2001

Umschlagabbildung: Vincent van Gogh,
Zypressen und Dorf (Detail)
Gestaltung und Satz: Neue-Stadt-Graphik
Druck: Memminger MedienCentrum,
Memmingen
ISBN 3-87996-548-X

HUNDERT WORTE
im Verlag Neue Stadt:

Weisheiten der Völker
und Worte großer Persönlichkeiten
erschließen Themen,
die Menschen bewegen

Hundert Worte von Mahatma Gandhi
ISBN 3-87996-527-7

Hundert Worte von Dag Hammarskjöld
ISBN 3-87996-538-2

Hundert Worte von Johannes XXIII.
ISBN 3-87996-524-2

Hundert Worte von Mutter Teresa
ISBN 3-87996-374-6

Hundert Worte von Edith Stein
ISBN 3-87996-370-3

Hundert Worte von Martin Buber
ISBN 3-87996-375-4

Hundert Worte von Klaus Hemmerle
ISBN 3-87996-503-X

Hundert Worte von Simone Weil
ISBN 3-87996-507-2

Hundert Worte über die Freude
ISBN 3-87996-528-5

Hundert Worte über die Dankbarkeit
ISBN 3-87996-397-5

Hundert Worte über die Weisheit der Wüste
ISBN 3-87996-508-0
Hundert Worte über die Musik
ISBN 3-87996-396-7
Hundert Worte über die Kunst
ISBN 3-87996-504-8
Hundert Worte über die Freundschaft
ISBN 3-87996-357-6
Hundert Worte über die Liebe
ISBN 3-87996-358-4
Hundert Worte über das Schweigen
ISBN 3-87996-372-X
Hundert Worte über den Humor
ISBN 3-87996-518-X
Hundert Worte über das Glück
ISBN 3-87996-369-X
Hundert Worte über den Weg
ISBN 3-87996-377-0
Hundert Worte über die Zeit
ISBN 3-87996-386-X
Hundert Worte über den Wein
ISBN 3-87996-539-0
Hundert Worte über die Hoffnung
ISBN 3-87996-519-6
Hundert Worte zu Weihnachten
ISBN 3-87996-391-6

VERLAG NEUE STADT
MÜNCHEN - ZÜRICH - WIEN